Rotkäppchen

Ein Märchen der Brüder Grimm
Illustriert von Iben Clante

CARLSEN VERLAG

Es war einmal ein kleines Mädchen, das trug Tag für Tag ein rotes Käppchen. Darum wurde es Rotkäppchen genannt.
Eines Morgens sagte die Mutter: »Rotkäppchen, die Großmutter ist krank. Bitte, bring ihr diesen Korb mit Keksen und Wein, damit sie schnell wieder gesund wird! Sei aber vorsichtig und geh nicht vom Wege ab, sonst fällst du und zerbrichst die Flasche! Sei auch recht lieb zur Großmutter und vergiß nicht, ihr einen guten Morgen zu wünschen!«

»Ich will schon alles gut machen«, sagte Rotkäppchen, nahm den Korb und verabschiedete sich von der Mutter.

Die Großmutter wohnte im Wald. Als Rotkäppchen eine Weile gegangen war, begegnete ihm ein Wolf.

»Guten Morgen, Rotkäppchen«,
sagte der Wolf freundlich,
»wohin gehst du an diesem
schönen Morgen?«
»Ich bringe der Groß-
mutter Kekse und Wein,
denn sie ist krank.«
»Wo wohnt denn deine
Großmutter?« fragte der
Wolf, und Rotkäppchen
beschrieb ihm den Weg.

»Möchtest du der Großmutter nicht auch einen Blumenstrauß mitbringen? Sieh nur, wie viele hübsche Blumen hier blühen!« sagte der Wolf.

»O ja«, sagte Rotkäppchen, »über einen Blumenstrauß wird sich die Großmutter gewiß freuen.« Sie ging vom Wege ab und pflückte Blumen.

Der Wolf aber ging geradewegs zum Hause der Großmutter. Er klopfte an die Tür.

»Wer ist da?« fragte die Großmutter.

»Ich bin es, Rotkäppchen. Ich bringe dir Kekse und Wein«, antwortete der Wolf mit verstellter Stimme.

»Komm nur herein!« rief die Großmutter. »Ich bin zu schwach und kann nicht aufstehen.«

So öffnete sich der Wolf selbst die Tür.

Mit einem Satz sprang er zum Bett der Großmutter und verschluckte sie. Dann zog er eilends ein Nachthemd an, setzte eine Haube auf und legte sich ins Bett.

Als Rotkäppchen nun einen großen Blumenstrauß gepflückt hatte, lief es schnell zum Haus der Großmutter. Die Tür stand offen. Niemand antwortete, als Rotkäppchen guten Tag sagte.

Sie trat an das Bett der Groß-
mutter. Aber wie seltsam sah sie
heute aus!
»Großmutter, warum hast du
denn so große Ohren?« fragte
Rotkäppchen. »Damit ich dich
besser hören kann«, sagte der
Wolf. »Und warum hast du so
große Augen?« – »Damit ich dich
besser sehen kann.«
»Aber warum hast du so große
Hände?« – »Damit ich dich besser
packen kann.«
»Warum hast du so einen
großen Mund?« – »Damit
ich dich besser fressen kann!«
brüllte der Wolf und
verschlang auch das kleine
Rotkäppchen.

Der Wolf legte sich wieder ins Bett, schlief ein und fing laut an zu schnarchen. Das hörte der Jäger, der an dem Haus vorbeiging. »Die alte Frau schnarcht so laut«, sagte der Jäger zu sich selbst, »ob sie wohl krank ist?«

Der Jäger betrat das Haus und sah den Wolf in dem Bett der Großmutter liegen. »Du alter Räuber!« rief er, »jetzt erschieße ich dich!«

»Aber vielleicht hat der Bösewicht die alte Frau gefressen?« dachte der Jäger und schoß nicht.

Der Jäger nahm eine Schere und schnitt dem Wolf vorsichtig den Bauch auf. Er hatte richtig vermutet. Aus dem Wolfsbauch kletterten die Großmutter und Rotkäppchen. Wie froh waren beide!

Der Jäger zog dem toten Wolf das Fell ab und nahm es mit heim. Die Großmutter aß die Kekse und trank den Wein und wurde bald wieder gesund. Rotkäppchen aber ging niemals wieder vom Weg ab.